Christine Lange/Milada Krautmann

Das will ich wissen

Erstes Reiten und Voltigieren

Christine Lange
wurde mit dem Literaturpreis des FN-Verlags der Deutschen Reiterlichen Vereinigung ausgezeichnet und zählt zu den am meisten veröffentlichten Journalistinnen im deutschen Sprachraum. Die Pferdenärrin sitzt seit ihrem 13. Lebensjahr im Sattel. Schon als Kind schrieb sie leidenschaftlich gern kleine Novellen. Neben Kinder- und Jugendbüchern veröffentlichte sie bereits mehr als 20 spannende Sachbücher zum Thema Pferdehaltung und Freizeitreiten.

Milada Krautmann
hat ihre künstlerische Ausbildung an der Kunstgewerbehochschule in Prag sowie in Brüssel und Paris erhalten. Sie arbeitet in den verschiedensten Techniken. Der größte Anteil ihrer Illustrationen ist Naturthemen gewidmet. Sie ist vorwiegend im Kinder- und Jugendbuchbereich tätig. In der Reihe »Das will ich wissen« illustrierte sie bereits die Bände »Katzen«, »Wale und Delfiene«, »Sterne und Planeten«, »Haie und Raubfische«, »Vulkane und Erdbeben« und »Meine Haustiere«.

Christine Lange

Das will ich wissen

Erstes Reiten und Voltigieren

Mit farbigen Bildern von
Milada Krautmann

Arena

In neuer Rechtschreibung

1. Auflage 2003

Einband und Illustrationen: Milada Krautmann
Mit fachlicher Unterstützung von: Dorothea Rudolph, Ulrike Gast, Ulrike Rieder
Gesamtherstellung: westermann druck, Braunschweig
ISBN 3-401-05488-0

Inhaltsverzeichnis

Das Geburtstagsgeschenk

Schon seit fünf Uhr früh ist Mareike wach.
Sonst schläft sie sonntags viel länger.
Aber heute ist sie zu aufgeregt:
Sie hat Geburtstag! Acht Jahre wird sie alt.
Sie ist so gespannt, ob ihr größter Wunsch
in Erfüllung geht…

Mareike ist eine richtige Pferdenärrin.
Sie sammelt Pferdepostkarten und liest am liebsten bunte Pferdezeitschriften.
Und in ihrem Zimmer hängen nur Pferdeposter an den Wänden.
Letztes Jahr wollte Mareike Ferien auf einem Ponyhof machen. Aber die Besitzerin sagte:
»Wir nehmen Kinder erst ab neun Jahren auf.«
Da war Mareike sehr traurig.

Vor sechs Wochen ist sie mit ihren Eltern in eine andere Stadt gezogen. Ganz in der Nähe gibt es einen schönen Reitstall.
»Möchtest du beim Voltigieren mitmachen?«, fragte die nette Reitlehrerin kürzlich.
»Du hast genau das richtige Alter!«
Voltigieren! Das ist doch so etwas wie Turnen auf dem Pferd...
Davon hatte Mareike schon gehört.
»Schau doch einfach mal zu!«,
meinte die Reitlehrerin.
Das ließ sich Mareike nicht zweimal sagen.

Am nächsten Donnerstag war sie pünktlich im Stall. Alle Kinder waren sehr freundlich zu ihr. Sie zeigten ihr Laura, das Voltigierpferd.

Laura ist eine brave Haflingerstute.
Sie hat goldrotes Fell, eine schöne
blonde Mähne und liebe Augen.
Mareike durfte beim
Striegeln helfen.
Dann bekam Laura Bandagen
um die Beine gewickelt
und eine Trense angelegt.
Zuletzt befestigte die Reitlehrerin
Decke und Voltigiergurt
auf ihrem Rücken.

»Ich longiere Laura und ihr Kinder lauft euch warm! Mach ruhig mit, Mareike!«, rief die Reitlehrerin.

Mareike rannte und hüpfte mit den anderen Kindern. Puh, in ihren Jeans und dem Pullover kam sie viel zu schnell ins Schwitzen!

Dann schnallte die Reitlehrerin die Ausbindezügel in die Trensenringe. Lauras Blick sagte deutlich: »Aha, jetzt geht es los!« Mareikes neue Freunde stellten sich in einer Reihe auf.

Mareike setzte sich auf die Zuschauerbank. Am liebsten hätte sie weiter mitgemacht. Auch in der Schule turnte sie gern. Nur Ballspiele mochte sie nicht. Die Übungen auf dem Pferderücken sahen gar nicht so schwer aus!

Mareike konnte sich sogar einige Übungen merken: Mühle, Seitsitz und Rückwärtssitz.

Vier Kinder in der Gruppe waren Anfänger. Die anderen drei gehörten zu den Fortgeschrittenen. Aber alle voltigierten schon im Galopp! Das fand Mareike aufregend.

Auf einmal fragte Jutta, die Reitlehrerin:
»Möchtest du auch einmal aufs Pferd?«
Damit hatte Mareike nicht gerechnet.
Aber natürlich wollte sie!
»Fass in die Griffe!«, bat Jutta. Dann nahm sie
Mareikes linkes Knie und schwupps:
Schon saß Mareike auf Lauras Rücken.
Gut fühlte sich das an!
Drei Runden im Schritt durfte sie reiten.
Das klappte sogar freihändig!

Mareike war sehr stolz. Natürlich half sie nach der Voltigierstunde Laura zu versorgen.
Dann rannte sie heim: »Mutti, Mutti, ich möchte auch voltigieren lernen!«

...ob dieser Wunsch in Erfüllung geht?
Wenn doch der Wecker klingeln würde!
Dann darf Mareike ins Wohnzimmer laufen. Rrrrrrring!
Mareike rennt die Treppe hinunter.
Auf dem Tisch brennen acht rote Kerzen!
»Happy Birthday!«, singen Mutti und Vati.
Da liegen viele Päckchen.
Aber sie sieht nur den Briefbogen mit den bunten Pferdchen. Darauf steht:
»Voltigierunterricht für Mareike!«
Das ist das schönste Geburtstagsgeschenk!

Boxen für Gastpferde
oder kranke Pferde
Sattel-
kammer
Heu und Stroh auf dem Dachboden
Offenställe
Zuschauer
Anbindebalken
Putz- und Sattelplatz

Weiden
Paddocks
Ausmisten
Fressgitter

Juttas Reiterhof

Ausreitgelände
Parkplatz
Reithalle

Außenreitbahn mit Hindernissen
Voltigierpferd
Longierplatz
Voltigiergruppe
(Voltigierlehrer, Voltigierkinder)

Pferde und Ponys

Im Reitstall lernt Mareike unterschiedliche Pferderassen kennen. Außer Laura gibt es einige Ponys und viele große Warmblutpferde.

Suleika ist ein Vollblutaraber, der gescheckte Ben ein Westernpferd. Den Planwagen zieht der Kaltblüter Hannes.

Die Größe eines Pferdes misst man vom Boden bis zum Widerrist. Pferde über 1,48 Meter heißen Großpferde, die kleineren Ponys oder Kleinpferde.

Pferde, die den gleichen Körperbau und ähnliche Eigenschaften haben, gehören zu einer Rasse. Alle Rassen haben sich aus Wildpferden entwickelt.

Vor langer Zeit zähmten die Menschen die Pferde.

Sie nutzten sie als Last- und Zugtiere und zum Reiten.

Die besten Hengste brachten sie zu den schnellsten Stuten.

So bekamen sie gute Fohlen und bauten »Pferdezuchten« auf.

Beliebte Warmblutpferde:

Hannoveraner

Holsteiner Mecklenburger Oldenburger

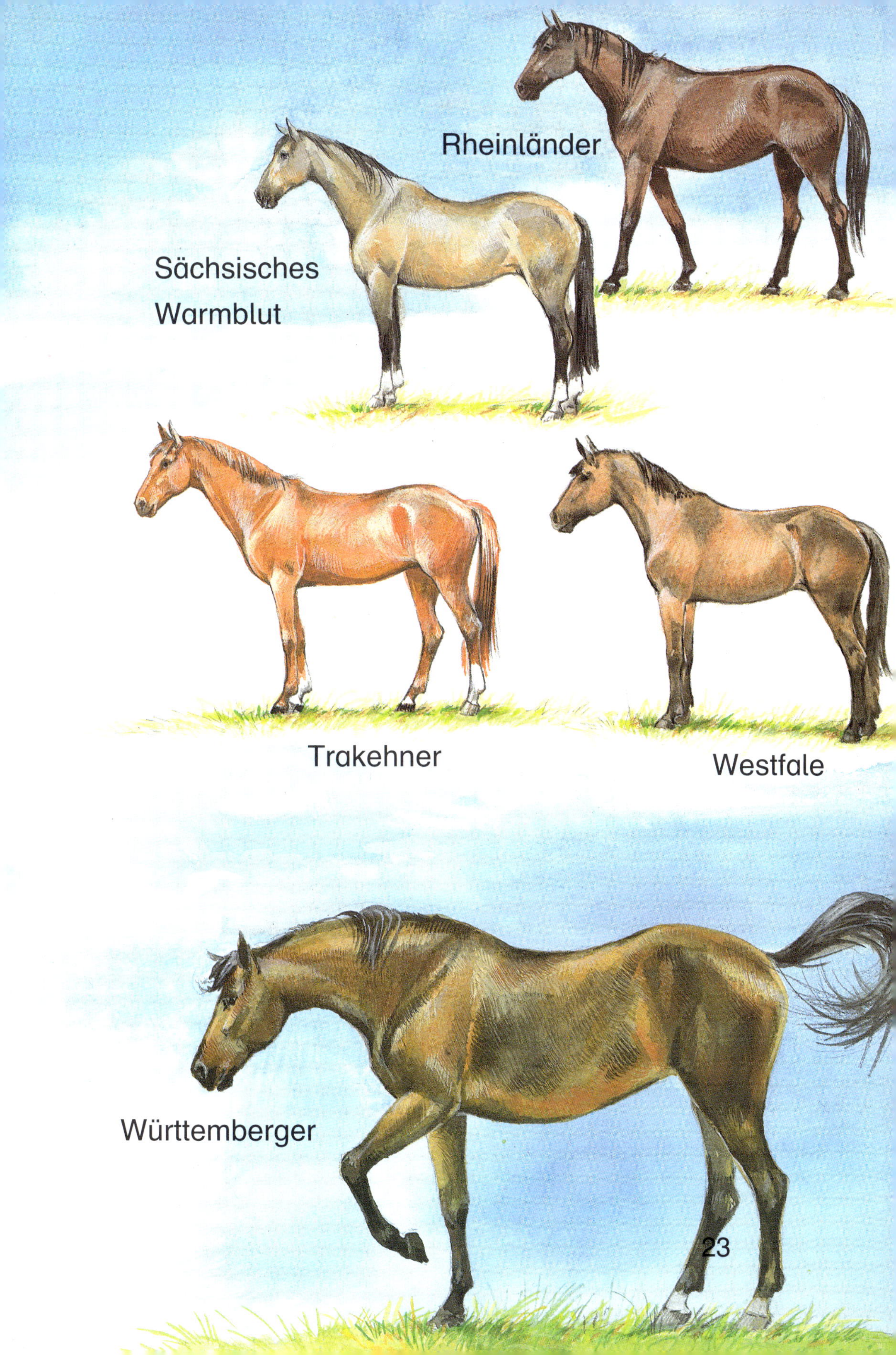
Rheinländer
Sächsisches Warmblut
Trakehner
Westfale
Württemberger

Bekannte Kleinpferdzuchten und -rassen

Camarguepferd

Islandpferd

Fjordpferd

Haflinger

Dülmener

Shetlandpony

Beliebte Vollblutpferde:

Beliebte Westernpferde:

Beliebte Kaltblutpferde:

Schleswiger

Schwarzwälder

Belgier

Shirehorse

Wilde Pferde

Alle Pferde stammen von den kleinen Urwildpferden ab, die in Asien, Europa und Nordafrika lebten.
Eine Wildpferdefamilie besteht aus Hengst, Stuten und Fohlen. Die Fohlen wachsen in der Gruppe auf. Die jungen Hengste leben zuerst in einer eigenen Herde und gründen später selbst eine Familie.
Da ihr Fleisch gut schmeckt, werden Wildpferde oft von Raubtieren gejagt. Sie müssen immer wachsam sein. Bei Gefahr flüchten sie im Galopp.

Pferde im Reitstall

»Auch Hauspferde erschrecken noch leicht«, sagt Jutta zu Mareike. »Geh daher ruhig und freundlich mit ihnen um. Dann vertrauen und gehorchen sie dir gern.«

Jutta zeigt ihr die Offenställe, Ausläufe und Weiden. »Nur kranke Pferde sollten in einer Box stehen. Alle anderen möchten Tag und Nacht beisammen sein. Zufriedene Pferde sind beim Reiten und Voltigieren viel braver!«

Pferdesport

In vielen Reitställen kann man Dressur reiten, Springen, Aus- und Wanderritte machen. Auf Islandpferde-Höfen kann man Tölt reiten lernen. Das ist eine besonders bequeme Gangart des Islandpferdes.

Die meisten Pferde und Ponys gehen auch brav an der Longe. Einige ziehen sogar die Kutsche. »Eine gute Ausbildung ist für Pferde genauso wichtig wie für den Reiter!«, meint Jutta.

Fütterung

Zu vielen Ställen gehören Weideflächen.
Dort grasen die Pferde im Sommer.
Im Winter bekommen sie Heu und gutes Futterstroh. Dreimal am Tag gibt es Kraftfutter:

Hafer, Müsli oder Pellets.

So nennt man Fertigfutter aus Körnern, gepresstem Heu und Klee, Vitaminen und Mineralstoffen. Jutta misst jede Portion genau ab. Dazu trinken die Pferde reichlich Wasser – an heißen Tagen bis zu 60 Liter!

Die richtige Pflege

Auch sorgsame Pflege ist wichtig: striegeln, Mähne und Schweif bürsten, Hufe ausräumen. Jedes Tier hat sein eigenes Putzzeug. So werden keine Hautkrankheiten übertragen. Alle sechs Wochen erneuert der Schmied die Hufeisen.

Viermal im Jahr müssen Pferde eine Paste gegen Würmer schlucken. Zweimal im Jahr impft der Tierarzt sie gegen Tollwut, Wundstarrkrampf und Pferdegrippe.

Die Sattelkammer

In der Sattelkammer herrscht Ordnung. Hier hängt für jedes Pferd ein Sattel, die Sattelunterlage, der Trensenzaum und eine warme Decke. An der Wand sind Halterungen für Longe und Longierpeitsche. Im Schrank lagern Bandagen und Medikamente. Bei Jutta gibt es eine Ecke extra für Lauras Sachen. Für das Voltigieren braucht man nämlich eine besondere Ausrüstung.

Die Ausrüstung des Voltigierpferdes

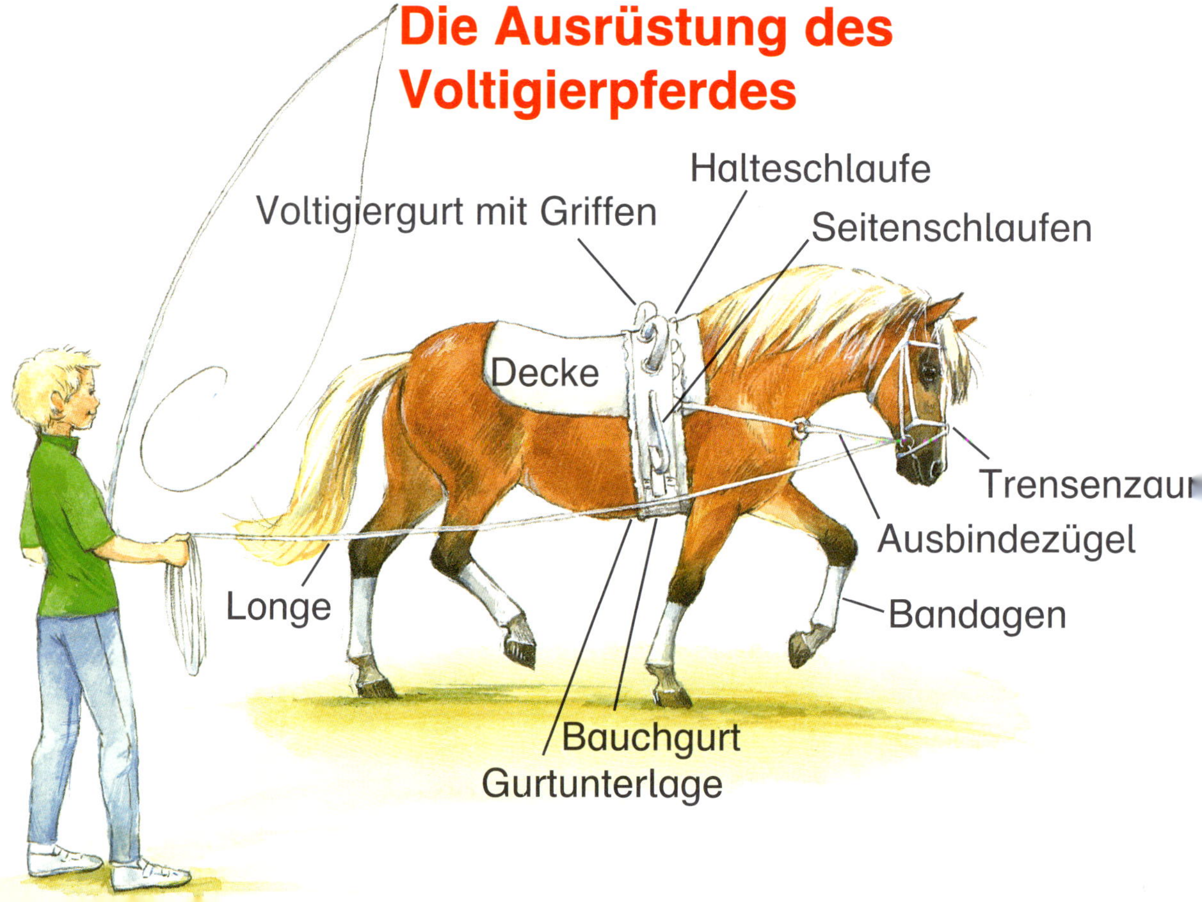

Voltigierunterricht

In vielen Reitställen können Kinder heute voltigieren lernen. Das Wort stammt vom französischen »Kunstreiten« ab.
So nennt man eine Mischung aus Turnen, Gymnastik, Ballett und Artistik auf dem Pferd.
Fürs Voltigieren eignen sich kräftige, freundliche Pferde mit weichem Galopp. Haflinger wie Laura, aber auch Fjordpferde und Warmblüter nimmt man gern dazu. Sie müssen sehr geduldig sein und willig auf Kommandos hören.
Schon ab sechs Jahren dürfen Kinder mitmachen. Aber auch 18-Jährige haben noch Spaß am Voltigieren. Meist sind zehn bis zwölf Kinder in einer Gruppe.
Sie tragen Gymnastikhosen, Gymnastikschuhe und T-Shirts.
Mädchen mit langen Haaren wie Mareike müssen sich einen Zopf binden.
Im Stall ziehen sie natürlich Jeans und feste Schuhe an.

Mareikes erste Stunde

In ihrer ersten Stunde lernt Mareike Fridolin kennen. So heißt das hölzerne Übungspferd. Ulf, ein Junge aus ihrer Gruppe, zeigt ihr, wie man in die Griffe fasst und aufspringt.
Dann probiert sie es mit Laura im Schritt.
Da schafft Mareike es gleich beim ersten Mal. Sabrina, eines der größeren Mädchen, hält sie beim Abspringen fest. Mit etwas Übung gelingt es Mareike immer besser, im Laufrhythmus des Pferdes richtig aufzuspringen.

Ein Voltigierpferd geht meist im Schritt oder im Galopp. Alle Kinder lernen neben ihm mitzugaloppieren.
Wer schon sicher ist, übt immer schwierigere Aufsprünge: ins Knien, in die Fahne und in den Hockstand. Auch das »Abgehen« will gekonnt sein: nach innen, nach außen oder aus dem Rückwärtssitz.

Sitzübungen

Das Wichtigste ist der sichere Sitz.
»Locker bleiben!«, ruft Jutta.
Mareike schwingt schön mit Lauras
Bewegungen mit. Wer sich steif macht,
verliert schnell das Gleichgewicht. Als Erstes
üben Voltigierer den freien Sitz. Dazu streckt
man die Arme seitwärts aus. Später lernen sie
Rückwärtssitz und Seitsitz.

Sehr beliebt ist die Mühle. Dabei dreht man sich einmal ganz auf dem Pferderücken.
Im Unterricht kommt jedes Kind viele Male an die Reihe. Jeder darf eine neue Übung ausprobieren. Die Fortgeschrittenen helfen dabei den Anfängern. Leider ist die Stunde viel zu schnell zu Ende!
»Lockert den Voltigiergurt und führt Laura trocken!«, bittet Jutta.
Gemeinsam nehmen die Kinder Gurt, Decke, Trense und Bandagen ab.
Dann bringen sie Laura zurück in ihren Offenstall.

Andere beliebte Übungen

Bank:

Die Bank ist eine wichtige Grundübung. Dabei kniet man auf dem Pferd und hält sich an den Griffen fest.

Fahne:

Die Fahne entsteht aus der Bank. Dazu streckt man das rechte Bein nach hinten aus. Auch einen Griff darf man loslassen.

Freies Knien:

Beim freien Knien lassen beide Hände die Griffe los. Die Knie bleiben eng beieinander. Sonst rutscht man ab.

Liegestütz:

Der Liegestütz entsteht aus Bank und Fahne. Dann streckt man die Beine und spannt den ganzen Körper an. Das trainiert Kraft!

Freies Stehen:

Erst geht man in den Hockstand. Dann lässt man die Griffe los und richtet sich auf. Kniebeugen sind eine gute Vorübung!

Querlieger:

Man liegt mit dem Bauch quer über dem Pferderücken. Dabei hält man sich mit einer Hand am Griff fest. Dann spannt man den Körper an. Das sieht elegant aus!

Zu mehreren aufs Pferd

Viel Spaß machen Übungen zu zweit und zu dritt. Hübsch sieht es aus, wenn Mareike vorn sitzt und Sabrina hinter ihr kniet. Anne mag Doppelknien und den doppelten Prinzensitz besonders gerne. Dann gibt es noch Schneidersitz und Knien, Knien und Stehen, Prinzensitz und Stehen, die doppelte Fahne, Fahne und Standwaage und vieles mehr!

Zum Glück kann man alles erst einmal auf dem hölzernen Fridolin ausprobieren! Durch das Turnen auf Fridolin wird Mareike immer besser. Sie macht auch zu Hause Gymnastik. Oft tanzt sie in ihrem Zimmer. Sie übt Handstand und Kniebeugen. Oder sie hüpft auf einem Bein. Im Garten balanciert sie auf einem Schwebebalken. Den hat Vati gebaut. Mareike möchte nämlich fit werden. Denn bald findet auf Juttas Hof ein Hausturnier statt!

Die eigene Kür

So ein Hausturnier ist eine tolle Sache.
»Es wird eine Prüfung für Dressurreiter geben«, erklärt Jutta. »Für die Springreiter bauen wir Hindernisse auf.«
Zu schwierig darf keine Prüfung sein.
Sonst verlieren Reiter und Pferde den Mut.
Auch Voltigierer können bei einem Hausturnier mitmachen. »Unsere Voltigiergruppe führt eine eigene Kür vor!«, kündigt Jutta an.
»Was ist eine Kür?«, fragen viele Kinder.
Eine Kür ist eine Art Schauprogramm.
Die Voltigierer wählen die Übungen aus, die sie am besten können. Die Vorführung soll schön aussehen und allen Freude machen.
Daher lässt man zu schwierige Übungen einfach weg. Ganz wichtig ist die Musik.
Der Takt der Musik sollte zum Galopp des Pferdes passen. Natürlich müssen nun alle fleißig üben!

Der große Tag

Ganz kribbelig ist Mareike vor Aufregung. Unter den Zuschauern sind nicht nur ihre Eltern. Fast alle Kinder aus ihrer Klasse und die Lehrerin sind auch da! Heute sehen die Voltigierer besonders hübsch aus. Sie tragen Gymnastikanzüge in kräftigem Grün. Bei einer Vorführung sind schöne Farben wichtig. Daher ist auch die Voltigierdecke grün. Das passt gut zu Lauras goldenem Fell. Am frühen Nachmittag tönt es aus dem Lautsprecher: »Und jetzt die Voltigiergruppe!«

Nur keinen Fehler machen ... oder gar vom Pferd fallen!, denkt Mareike. Doch dann läuft alles wie am Schnürchen: Fahne, Mühle, Liegestütz, Prinzensitz. Bei den Doppelübungen klatschen die Zuschauer besonders laut. Laura merkt ganz genau, dass heute Turniertag ist. Sie galoppiert so schön wie nie zuvor! »Bravo!« Mareikes Omi ist sehr stolz auf ihre Enkelin.

Und wie geht's weiter?

Die Voltigiergruppe freut sich riesig über den Erfolg! »Wenn wir weiterüben, können wir bald bei einem Wettkampf mitmachen«, sagt Jutta. Es macht großen Spaß, seinen Freunden zu zeigen, was man kann. Aber darüber vergisst niemand die Verantwortung für die Voltigiergruppe und die Pferde.

Viele Voltigierer bleiben bis zu ihrem 18. Geburtstag dabei. Andere fangen vorher mit dem normalen Reitunterricht an. Voltigieren ist eine prima Vorbereitung aufs Reiten. Vor allem lernt man den Umgang mit Pferden. Die Pferde sind das Wichtigste! Beim Voltigieren ebenso wie beim Reiten. Sie müssen gesund und zufrieden sein. Auch die Menschen helfen einander.
»Das ist das Schöne am Voltigieren«, überlegt Mareike. »Einer vertraut dem anderen.«
»Ja«, sagt Jutta, »wir sind ein richtiges Team!«

Glossar

Ausbindezügel: Lederzügel, die zwischen Trense und Voltigiergurt geschnallt werden

Kür: Übungen für ein Schauprogramm oder einen Wettkampf

Longe: 7 bis 10 m lange Leine aus Gurtband. An ihr läuft das Pferd auf dem Zirkel um den Voltigierlehrer

Turnier: Wettkampfveranstaltung

Übungspferd: Holzbock mit Voltigiergurt

Voltigieren: Mischung aus Turnen, Gymnastik, Ballett und Artistik auf dem Pferderücken.

Voltigierdecke: 90cm breite und 1m lange Wollfilzdecke. Sie ist beim Voltigieren die Unterlage.

Voltigiergurt: Breiter Bauchgurt mit Griffen, Halteschlaufe und Seitenschlaufen.

Voltigierpferd: Beim Voltigieren eingesetztes kräftiges Pferd. Es muss weich galoppieren können, nervenstark und gehorsam sein.